D1431805

poèmes choisis

saint-denys garneau

Jugements critiques,
chronologie et bibliographie
de Roger Chamberland

**bibliothèque
québécoise**

fides

Couverture :
Conception graphique de Michel Gagnon d'après un photo-montage de
André Panneton.

ISBN : 2-7621-0805-5

Dépôt légal : 2e trimestre 1979, Bibliothèque nationale du Québec.

Achevé d'imprimer le 12 novembre 1979, à Montréal,
aux Presses Élite Inc., pour le compte des Éditions Fides.

REGARDS ET JEUX
DANS L'ESPACE

I

JEUX

LE JEU

Ne me dérangez pas je suis profondément occupé

Un enfant est en train de bâtir un village
C'est une ville, un comté
Et qui sait
            Tantôt l'univers.

Il joue

Ces cubes de bois sont des maisons qu'il déplace
                        [et des châteaux
Cette planche fait signe d'un toit qui penche
                        [ça n'est pas mal à voir
Ce n'est pas peu de savoir où va tourner la route
                        [de cartes
Cela pourrait changer complètement le cours
                        [de la rivière
À cause du pont qui fait un si beau mirage
                        [dans l'eau du tapis
C'est facile d'avoir un grand arbre
Et de mettre au-dessous une montagne
                        [pour qu'il soit en haut.
Joie de jouer ! paradis des libertés !
Et surtout n'allez pas mettre un pied dans la chambre
On ne sait jamais ce qui peut être dans ce coin
Et si vous n'allez pas écraser la plus chère
                        [des fleurs invisibles

Voilà ma boîte à jouets
Pleine de mots pour faire de merveilleux enlacements
Les allier séparer marier,
Déroulements tantôt de danse
Et tout à l'heure le clair éclat du rire
Qu'on croyait perdu

Une tendre chiquenaude
Et l'étoile
Qui se balançait sans prendre garde
Au bout d'un fil trop ténu de lumière
Tombe dans l'eau et fait des ronds.

De l'amour de la tendresse qui donc oserait en douter
Mais pas deux sous de respect pour l'ordre établi
Et la politesse et cette chère discipline
Une légèreté et des manières à scandaliser les
                                    [grandes personnes

Il vous arrange les mots comme si c'étaient de
                                    [simples chansons
Et dans ses yeux on peut lire son espiègle plaisir
À voir que sous les mots il déplace toutes choses
Et qu'il en agit avec les montagnes
Comme s'il les possédait en propre.

Il met la chambre à l'envers et vraiment l'on
                              [ne s'y reconnaît plus
Comme si c'était un plaisir de berner les gens.
Et pourtant dans son œil gauche quand le droit rit
Une gravité de l'autre monde s'attache à la feuille
                              [d'un arbre
Comme si cela pouvait avoir une grande importance
Avait autant de poids dans sa balance
Que la guerre d'Éthiopie
Dans celle de l'Angleterre.

Nous ne sommes pas des comptables

Tout le monde peut voir une piastre de papier vert
Mais qui peut voir au travers
                              si ce n'est un enfant
Qui peut comme lui voir au travers en toute liberté
Sans que du tout la piastre l'empêche
                              ni ses limites
Ni sa valeur d'une seule piastre

Mais il voit par cette vitrine des milliers de
                              [jouets merveilleux
Et n'a pas envie de choisir parmi ces trésors
Ni désir ni nécessité
Lui
Mais ses yeux sont grands pour tout prendre.

11

SPECTACLE DE LA DANSE

Mes enfants vous dansez mal
Il faut dire qu'il est difficile de danser ici
Dans ce manque d'air
Ici sans espace qui est toute la danse.

Vous ne savez pas jouer avec l'espace
Et vous y jouez
Sans chaînes
Pauvres enfants qui ne pouvez pas jouer.

Comment voulez-vous danser j'ai vu les murs
La ville coupe le regard au début
Coupe à l'épaule le regard manchot
Avant même une inflexion rythmique
Avant, sa course et repos au loin
Son épanouissement au loin du paysage
Avant la fleur du regard alliage au ciel
Mariage au ciel du regard
Infinis rencontrés heurt
Des merveilleux.

La danse est seconde mesure et second départ
Elle prend possession du monde

Après la première victoire
Du regard

Qui lui ne laisse pas de trace en l'espace
— Moins que l'oiseau même et son sillage
Que même la chanson et son invisible passage
Remuement imperceptible de l'air —
Accolade, lui, par l'immatériel
Au plus près de l'immuable transparence
Comme un reflet dans l'onde au paysage
Qu'on n'a pas vu tomber dans la rivière

Or la danse est paraphrase de la vision
Le chemin retrouvé qu'ont perdu les yeux dans le but
Un attardement arabesque à reconstruire
Depuis sa source l'enveloppement de la séduction.

RIVIÈRE DE MES YEUX

Ô mes yeux ce matin grands comme des rivières
Ô l'onde de mes yeux prêts à tout refléter
Et cette fraîcheur sous mes paupières
Extraordinaire
Tout alentour des images que je vois

Comme un ruisseau rafraîchit l'île
Et comme l'onde fluente entoure
La baigneuse ensoleillée.

II

ENFANTS

PORTRAIT

C'est un drôle d'enfant
C'est un oiseau
Il n'est plus là

Il s'agit de le trouver
De le chercher
Quand il est là

Il s'agit de ne pas lui faire peur
C'est un oiseau
C'est un colimaçon.

Il ne regarde que pour vous embrasser
Autrement il ne sait pas quoi faire

                                          avec ses yeux
Où les poser
Il les tracasse comme un paysan sa casquette

Il lui faut aller vers vous
Et quand il s'arrête
Et s'il arrive
Il n'est plus là

Alors il faut le voir venir
Et l'aimer durant son voyage.

III

ESQUISSES
EN PLEIN AIR.

FLÛTE

Tous les champs ont soupiré par une flûte
Tous les champs à perte de vue ondulés sur les buttes
Tendus verts sur la respiration calme des buttes

Toute la respiration des champs a trouvé ce petit
ruisseau vert de son pour sortir
A découvert
Cette voix verte presque marine
Et soupiré un son tout frais
                    Par une flûte.

LES ORMES

Dans les champs
Calmes parasols
Sveltes, dans une tranquille élégance
Les ormes sont seuls ou par petites familles.
Les ormes calmes font de l'ombre
Pour les vaches et les chevaux
Qui les entourent à midi.
Ils ne parlent pas
Je ne les ai pas entendus chanter.
Ils sont simples
Ils font de l'ombre légère
Bonnement
Pour les bêtes.

SAULES

Les grands saules chantent
Mêlés au ciel
Et leurs feuillages sont des eaux vives
Dans le ciel

Le vent
Tourne leurs feuilles
D'argent
Dans la lumière
Et c'est rutilant
Et mobile
Et cela flue
Comme des ondes.

On dirait que les saules coulent
Dans le vent
Et c'est le vent
Qui coule en eux.

C'est des remous dans le ciel bleu
Autour des branches et des troncs
La brise chavire les feuilles
Et la lumière saute autour
Une féerie

Avec mille reflets
Comme des trilles d'oiseaux-mouches
Comme elle danse sur les ruisseaux
Mobile
Avec tous ses diamants et tous ses sourires.

PINS À CONTRE-JOUR

Dans la lumière leur feuillage est comme l'eau
Des îles d'eau claire
Sur le noir de l'épinette ombrée à contre-jour

Ils ruissellent
Chaque aigrette et la touffe
Une île d'eau claire au bout de chaque branche

Chaque aiguille un reflet un fil d'eau vive

Chaque aigrette ruisselle comme une petite source
                              [qui bouillonne
Et s'écoule
On ne sait où.

Ils ruissellent comme j'ai vu ce printemps
Ruisseler les saules eux l'arbre entier
Pareillement argent tout reflet tout onde
Tout fuite d'eau passage
Comme du vent rendu visible
Et paraissant
Liquide
À travers quelque fenêtre magique.

IV

DEUX PAYSAGES

PAYSAGE EN DEUX COULEURS
SUR FOND DE CIEL

I

La vie la mort sur deux collines
Deux collines quatre versants
Les fleurs sauvages sur deux versants
L'ombre sauvage sur deux versants.

Le soleil debout dans le sud
Met son bonheur sur les deux cimes
L'épand sur faces des deux pentes
Et jusqu'à l'eau de la vallée
(Regarde tout et ne voit rien)

Dans la vallée le ciel de l'eau
Au ciel de l'eau les nénuphars
Les longues tiges vont au profond
Et le soleil les suit du doigt
(Les suit du doigt et ne sent rien)
Sur l'eau bercée de nénuphars
Sur l'eau piquée de nénuphars
Sur l'eau percée de nénuphars

Et tenue de cent mille tiges
Porte le pied des deux collines
Un pied fleuri de fleurs sauvages
Un pied rongé d'ombre sauvage.

Et pour qui vogue en plein milieu
Pour le poisson qui saute au milieu
(Voit une mouche tout au plus)

Tendant les pentes vers le fond
Plonge le front des deux collines
Un de fleurs fraîches dans la lumière
Vingt ans de fleurs sur fond de ciel
Un sans couleur ni de visage
Et sans comprendre et sans soleil
Mais tout mangé d'ombre sauvage
Tout composé d'absence noire
Un trou d'oubli — ciel calme autour.

II

Un mort demande à boire
Le puits n'a plus tant d'eau qu'on le croirait
Qui portera réponse au mort
La fontaine dit mon onde n'est pas pour lui.

Or voilà toutes ses servantes en branle
Chacune avec un vase à chacune sa source
Pour apaiser la soif du maître
Un mort qui demande à boire.

Celle-ci cueille au fond du jardin nocturne
Le pollen suave qui sourd des fleurs
Dans la chaleur qui s'attarde
                              à l'enveloppement de la nuit
Elle développe cette chair devant lui

Mais le mort a soif encore et demande à boire

Celle-là cueille par l'argent des prés lunaires
Les corolles que ferma la fraîcheur du soir
Elle en fait un bouquet bien gonflé
Une tendre lourdeur fraîche à la bouche
Et s'empresse au maître pour l'offrir

Mais le mort a soif et demande à boire

Alors la troisième et première des trois sœurs
S'empresse elle aussi dans les champs

Pendant que surgit au ciel d'orient
La claire menace de l'aurore
Elle ramasse au filet de son tablier d'or
Les gouttes lumineuses de la rosée matinale
En emplit une coupe et l'offre au maître

Mais il a soif encore et demande à boire.

Alors le matin paraît dans sa gloire
Et répand comme un vent la lumière sur la vallée
Et le mort pulvérisé
Le mort percé de rayons comme une brume
S'évapore et meurt
Et son souvenir même a quitté la terre.

V

DE GRIS EN PLUS NOIR

MAISON FERMÉE

Je songe à la désolation de l'hiver
Aux longues journées de solitude
Dans la maison morte —
Car la maison meurt où rien n'est ouvert
Dans la maison close, cernée de forêts

Forêts noires pleines
De vent dur

Dans la maison pressée de froid
Dans la désolation de l'hiver qui dure

Seul à conserver un petit feu dans le grand âtre
L'alimentant de branches sèches
Petit à petit
Que cela dure
Pour empêcher la mort totale du feu
Seul avec l'ennui qui ne peut plus sortir
Qu'on enferme avec soi
Et qui se propage dans la chambre

Comme la fumée d'un mauvais âtre
Qui tire mal vers en haut
Quand le vent s'abat sur le toit
Et rabroue la fumée dans la chambre
Jusqu'à ce qu'on étouffe dans la maison fermée

Seul avec l'ennui
Que secoue à peine la vaine épouvante
Qui nous prend tout à coup
Quand le froid casse les clous dans les planches
Et que le vent fait craquer la charpente

Les longues nuits à s'empêcher de geler
Puis au matin vient la lumière
Plus glaciale que la nuit.

Ainsi les longs mois à attendre
La fin de l'âpre hiver.

Je songe à la désolation de l'hiver
Seul
Dans une maison fermée.

VI

FACTION

FACTION

On a décidé de faire la nuit
Pour une petite étoile problématique
A-t-on le droit de faire la nuit
Nuit sur le monde et sur notre cœur
Pour une étincelle
Luira-t-elle
Dans le ciel immense désert

On a décidé de faire la nuit
pour sa part
De lâcher la nuit sur la terre
Quand on sait ce que c'est
Quelle bête c'est
Quand on a connu quel désert
Elle fait à nos yeux sur son passage

On a décidé de lâcher la nuit sur la terre
Quand on sait ce que c'est
Et de prendre sa faction solitaire
Pour une étoile
            encore qui n'est pas sûre
Qui sera peut-être une étoile filante
Ou bien le faux éclair d'une illusion
Dans la caverne que creusent en nous
Nos avides prunelles.

VII

SANS TITRE

Tu croyais tout tranquille
Tout apaisé
Et tu pensais que cette mort était aisée

Mais non, tu sais bien que j'avais peur
Que je n'osais faire un mouvement
Ni rien entendre
Ni rien dire
De peur de m'éveiller complètement
Et je fermais les yeux obstinément
Comme un qui ne peut s'endormir
Je me bouchais les oreilles avec mon oreiller
Et je tremblais que le sommeil ne s'en aille

Que je sentais déjà se retirer
Comme une porte ouverte en hiver
Laisse aller la chaleur tendre
Et s'introduire dans la chambre
Le froid qui vous secoue de votre assoupissement
Vous fouette
Et vous rend conscient nettement comme l'acier

Et maintenant

Les yeux ouverts les yeux de chair
                              trop grands ouverts
Envahis regardent passer
Les yeux les bouches les cheveux
Cette lumière trop vibrante
Qui déchire à coups de rayons
La pâleur du ciel de l'automne

Et mon regard part en chasse effrénément
De cette splendeur qui s'en va
De la clarté qui s'échappe
Par les fissures du temps

L'automne presque dépouillé
De l'or mouvant
Des forêts
Et puis ce couchant
Qui glisse au bord de l'horizon
À me faire crier d'angoisse.

Toutes ces choses qu'on m'enlève

J'écoute douloureux comme passe une onde
Les chatoiements des voix et du vent
Symphonie déjà perdue déjà fondue
En les frissons de l'air qui glisse vers hier

Les yeux le cœur et les mains ouvertes
Mains sous mes yeux ces doigts écartés
Qui n'ont jamais rien retenu
Et qui frémissent
Dans l'épouvante d'être vides

Maintenant mon être en éveil
Est comme déroulé sur une grande étendue
Sans plus de refuge au sein de soi
Contre le mortel frisson des vents
Et mon cœur charnel est ouvert comme une plaie
D'où s'échappe aux torrents du désir
Mon sang distribué aux quatre points cardinaux.

ACCUEIL

Moi ce n'est que pour vous aimer
Pour vous voir
Et pour aimer vous voir

Moi ça n'est pas pour vous parler
Ça n'est pas pour des échanges
                              conversations
Ceci livré, cela retenu
Pour ces compromissions de nos dons

C'est pour savoir que vous êtes,
Pour aimer que vous soyez

Moi ce n'est que pour vous aimer
Que je vous accueille
Dans la vallée spacieuse de mon recueillement
Où vous marchez seule et sans moi
Libre complètement

Dieu sait que vous serez inattentive
Et de tous côtés au soleil
Et tout entière en votre fleur
Sans une hypocrisie
en votre jeu

Vous serez claire et seule
Comme une fleur sous le ciel
Sans un repli
Sans un recul de votre exquise pudeur

Moi je suis seul à mon tour
autour de la vallée
Je suis la colline attentive
Autour de la vallée
Où la gazelle de votre grâce évoluera
Dans la confiance et la clarté de l'air

Seul à mon tour j'aurai la joie
Devant moi
De vos gestes parfaits
Des attitudes parfaites
De votre solitude

Et Dieu sait que vous repartirez
Comme vous êtes venue
Et je ne vous reconnaîtrai plus

Je ne serai peut-être pas plus seul
Mais la vallée sera déserte
Et qui me parlera de vous ?

CAGE D'OISEAU

Je suis une cage d'oiseau
Une cage d'os
Avec un oiseau

L'oiseau dans sa cage d'os
C'est la mort qui fait son nid

Lorsque rien n'arrive
On entend froisser ses ailes

Et quand on a ri beaucoup
Si l'on cesse tout à coup
On l'entend qui roucoule
Au fond
Comme un grelot

C'est un oiseau tenu captif
La mort dans ma cage d'os

Voudrait-il pas s'envoler
Est-ce vous qui le retiendrez
Est-ce moi
Qu'est-ce que c'est

Il ne pourra s'en aller
Qu'après avoir tout mangé
Mon cœur

La source du sang
Avec la vie dedans

Il aura mon âme au bec.

ACCOMPAGNEMENT

Je marche à côté d'une joie
D'une joie qui n'est pas à moi
D'une joie à moi que je ne puis pas prendre

Je marche à côté de moi en joie
J'entends mon pas en joie qui marche à côté de moi
Mais je ne puis changer de place sur le trottoir
Je ne puis pas mettre mes pieds dans ces pas-là
                    et dire voilà c'est moi

Je me contente pour le moment de cette compagnie
Mais je machine en secret des échanges
Par toutes sortes d'opérations, des alchimies,
Par des transfusions de sang
Des déménagements d'atomes
                    par des jeux d'équilibre

Afin qu'un jour, transposé,
Je sois porté par la danse de ces pas de joie
Avec le bruit décroissant de mon pas à côté de moi
Avec la perte de mon pas perdu
                    s'étiolant à ma gauche
Sous les pieds d'un étranger
                    qui prend une rue transversale.

LES SOLITUDES

ATTENTE

MA MAISON

Je veux ma maison bien ouverte,
Bonne pour tous les miséreux.

Je l'ouvrirai à tout venant
Comme quelqu'un se souvenant
D'avoir longtemps pâti dehors,
Assailli de toutes les morts
Refusé de toutes les portes
Mordu de froid, rongé d'espoir

Anéanti d'ennui vivace
Exaspéré d'espoir tenace

Toujours en quête de pardon
Toujours en chasse de péché.

LASSITUDE

Je ne suis plus de ceux qui donnent
Mais de ceux-là qu'il faut guérir.
Et qui viendra dans ma misère ?
Qui aura le courage d'entrer dans cette vie
                                    [à moitié morte ?
Qui me verra sous tant de cendres.
Et soufflera, et ranimera l'étincelle ?
Et m'emportera de moi-même,
Jusqu'au loin, ah ! au loin, loin !
Qui m'entendra, qui suis sans voix
Maintenant dans cette attente ?
Quelle main de femme posera sur mon front
Cette douceur qui nous endort ?

Quels yeux de femme au fond des miens,
au fond de mes yeux obscurcis,
Voudront aller, fiers et profonds,
Pourront passer sans se souiller,
Quels yeux de femme et de bonté
Voudront descendre en ce réduit
Et recueillir, et ranimer
et ressaisir et retenir
Cette étincelle à peine là ?
Quelle voix pourra retentir,

quelle voix de miséricorde
voix claire, avec la transparence du cristal
Et la chaleur de la tendresse,
Pour me réveiller à l'amour, me rendre à la bonté,
m'éveiller à la présence de Dieu dans l'univers ?
Quelle voix pourra se glisser, très doucement,
                              [sans me briser,
Dans mon silence intérieur ?

JEUX

Qu'est-ce que je machine à ce fil pendu
À ce fil une étoile à la lumière
Vais-je mourir là pendu
Ou mourir un noyé fatigué de l'épave

Glissement dans la mer qui vous enveloppe
Une véritable sœur enveloppante

Et qui transpose la lumière en descendant
La conserve à vos yeux pour les emplir

Souviens-toi de la mer qui t'a bercé
Vieux mort bercé au glissement de ce parcours
Accompagné de lumière verte
Qui troubla d'un remous l'ordonnance de ses réseaux
À travers les couches de l'onde innombrable
Et maintenant dans les fonds calmes caressé d'algues
Souviens-toi des vagues et leurs bercements
Vieux mort enfoui dans les silences sous-marins.

Je me sens balancer à la cime d'un arbre
Non ces voix de femmes vous n'entamerez pas
la pureté de mon chant
Et si vous m'êtes hier fraternelles
Cette chaleur étouffée où je m'endormirais

J'ai trouvé ce soir dans ce cimier
Parmi le froissement des feuilles comme une onde
Le refuge parmi l'air clair espéré
La vie dans le souvenir de la fraîcheur.

POUVOIRS DE LA PAROLE

SILENCE

Toutes paroles me deviennent intérieures
Et ma bouche se ferme comme un coffre
                          [qui contient des trésors
Et ne prononce plus ces paroles dans le temps,
                          [des paroles en passage,
Mais se ferme et garde comme un trésor,
                                    ses paroles
Hors l'atteinte du temps salissant, du temps passager.
Ses paroles qui ne sont pas du temps
Mais qui représentent le temps dans l'éternel,
Des manières de représentants
Ailleurs de ce qui passe ici,
Des manières de symboles
Des manières d'évidences de l'éternité qui passe ici,

Des choses uniques, incommensurables,
Qui passent ici parmi nous mortels,
Pour jamais plus jamais,
Et ma bouche est fermée comme un coffre
Sur les choses que mon âme garde intimes,
Qu'elle garde
Incommunicables
Et possède ailleurs

Parole sur ma lèvre déjà prends ton vol,
                              tu n'es plus à moi
Va-t-en extérieure, puisque tu l'es déjà
                                        ennemie,
Parmi toutes ces portes fermées, sois
                    fermée en ton marbre implacable.

Impuissant sur toi maintenant dès ta naissance

Je me heurterai à toi maintenant
Comme à toute chose étrangère
Et ne trouverai pas en toi de frisson fraternel
Comme dans une fraternelle chair qui se moule
                                   à ma chair
Et qui épouse aussi ma forme changeante

Tu es déjà parmi l'inéluctable qui m'encercle
Un des barreaux pour mon étouffement.

Un poème a mijoté tout le jour
Et n'est pas venu
On a senti sa présence tout le jour
    soulevante
Comme une eau qui gonfle
Et cherche une issue
Mais cela s'est perdu dans la terre
Il n'y a plus rien.

On a marché tout le jour comme des fous
Dans un pressentiment d'équilibre
Dans une prévoyance de lumière possible,
Comme des fous tout à coup attentifs
À un démêlement qui se fait dans leur cerveau
À une sorte de lumière qui veut se faire
Comme s'ils allaient retrouver
                    ce qui leur manque
Mais ils s'affolent de la lenteur
                    du jour à naître
Et voilà que la lueur s'en re-va
S'en retourne dans le soleil hors de vue
Et la porte de l'ombre se referme
Sur la solitude plus incompréhensible
Comme une note qui persiste, stridente,
Annihile le monde entier.

69

LA PAROLE DE LA CHAIR

CE QUI ÉTAIT PERDU

À part vingt-cinq fleurs qui ont brûlé
    pendant le jour le jardin est beau
À part vingt-cinq fleurs qui sont fanées
    et nous partons faire une promenade parfaite
    comme s'il ne manquait rien
Mais nous sentons bien
Malgré la fraîcheur du soir qui se dévoile
    et la parfaite légère cadence de nos pas
En nous se glisser le poids des fleurs mortes
Se glisser en nous
Vingt-cinq fleurs tombées dans un coin du jardin
Qui font pencher en nous tout le jardin
Font chavirer en nous tout le jardin
Se rouler tout le jardin.

On dirait que sa voix est fêlée
Déjà ?
Il rejoint parfois l'éclat du rire
Mais quand il est fatigué
Le son n'emplit pas la forme
C'est comme une voix dans une chaudière
Cela s'arrête au milieu
Comme s'il ravalait le bout déjà dehors
Cela casse et ne s'étend pas dans l'air

Cela s'arrête
	et c'est comme si ça n'aurait pas dû commencer
C'est comme si rien n'était vrai

Moi qui croyais que tout est vrai à ce moment
Déjà ?
Alors, qu'est-ce qui lui prend de vivre
Et pourquoi ne s'être pas en allé ?

Après les plus vieux vertiges
Après les plus longues pentes
Et les plus lents poisons
Ton lit certain comme la tombe
Un jour à midi
S'ouvrait à nos corps faiblis sur les plages
Ainsi que la mer.

Après les plus lentes venues
Les caresses les plus brûlantes
Après ton corps une colonne
Bien claire et parfaitement dure
Mon corps une rivière étendue
			et dressé pur jusqu'au bord de l'eau

Entre nous le bonheur indicible
D'une distance
Après la clarté du marbre
Les premiers gestes de nos cris
Et soudain le poids du sang
S'écroule en nous comme un naufrage
Le poids du feu s'abat sur notre cœur perdu

74

Après le dernier soupir
Et le feu a chaviré l'ombre sur la terre
Les amarres de nos bras se détachent
                              [pour un voyage mortel
Les liens de nos étreintes tombent d'eux-mêmes
                   et s'en vont à la dérive sur notre couche
Qui s'étend maintenant comme un désert
Tous les habitants sont morts
Où nos yeux pâlis ne rencontrent plus rien
Nos yeux crevés aux prunelles de notre désir
Avec notre amour évanoui comme une ombre
                                        [intolérable
Et nous sentions notre isolement s'élever
                        [comme un mur impossible

Sous le ciel rouge de mes paupières
Les montagnes
Sont des compagnes de mes bras
Et les forêts qui brûlent dans l'ombre
Et les animaux sauvages
Passant aux griffes de tes doigts
Ô mes dents
Et toute la terre mourante étreinte

Puis le sang couvrant la terre
Et les secrets brûlés vifs
Et tous les mystères déchirés
Jusqu'au dernier cri la nuit est rendue

C'est alors qu'elle est venue
Chaque fois

C'est alors qu'elle passait en moi
Chaque fois
Portant mon cœur sur sa tête
Comme une urne restée claire.

ACCOMPAGNEMENT

MA SOLITUDE N'A PAS ÉTÉ BONNE

Ma solitude au bord de la nuit
N'a pas été bonne
Ma solitude n'a pas été tendre
À la fin de la journée au bord de la nuit
Comme une âme qu'on a suivie
                              sans plus attendre
L'ayant reconnue pour sœur.

Ma solitude n'a pas été bonne
Comme celle qu'on a suivie
Sans plus attendre choisie
Comme une épouse inébranlable
Pour la maison de notre vie
Et le cercueil de notre mort
Gardien de nos os silencieux
Dans notre âme se détache.

Ma solitude au bord de la nuit
N'a pas été cette amie
L'accompagnement de cette gardienne
La profondeur claire de ce puits
Le lieu retrait de notre amour
Où notre cœur se noue et se dénoue
Au centre de notre attente.

Elle nous est venue comme une folie par surprise
Comme une eau qui monte
Et s'infiltre au dedans
Par les fissures de notre carcasse
Par tous les trous de notre architecture
Mal recouverte de chair
Et que laissent ouverte
Les vers de notre putréfaction.

Elle est venue une infidélité
Comme une fille de mauvaise vie
Qu'on a suivie
Pour s'en aller
Elle est venue pour nous ravir
                                et pour nous lâcher.
Dans le cercle de notre lâcheté
Elle est venue pour nous voler
Et nous laisser désemparé
Elle est venue pour nous séparer

Alors l'âme en peine là-bas
C'est nous qu'on ne rejoint pas
C'est moi que j'ai déserté
C'est mon âme qui fait cette promenade cruelle
Toute nue au froid désert
Durant que je me livre à cet arrêt tout seul
À cette solitude fermée

Pour ne pas prendre part au terrible jeu
À l'exigence de toutes ces petites
Secondes irremplaçables,

Et quelle ombre au bord du parvis
Quelle ombre lumineuse amie
Attend les pas de nos déroutes
Que nulle pitié n'a suivie
Ni la nôtre.

L'avenir nous met en retard
Demain c'est comme hier on n'y peut pas toucher
On a la vie devant soi comme un boulet lourd
                              [aux talons
Le vent dans le dos nous écrase le front contre l'air

On se perd pas à pas
On perd ses pas un à un
On se perd dans ses pas
Ce qui s'appelle des pas perdus

Voici la terre sous nos pieds
Plate comme une grande table
Seulement on n'en voit pas le bout
(C'est à cause de nos yeux qui sont mauvais)

On n'en voit pas non plus le dessous
D'habitude
Et c'est dommage
Car il s'y décide des choses capitales
À propos de nos pieds et de nos pas

C'est là que se livrent des conciliabules géométriques
Qui nous ont pour centre et pour lieu

C'est là que la succession des points devient une ligne
Une ficelle attachée à nous
Et que le jeu se fait terriblement pur
D'une implacable constance dans sa marche
                        [au bout qui est le cercle
   Cette prison.

Vos pieds marchent sur une surface dure
Sur une surface qui vous porte comme un empereur

Mais vos pas à travers tombent dans le vide
                                        pas perdus

Font un cercle
            et c'est un point
On les place ici et là, ailleurs,
                        à travers vingt rues qui se croisent
Et l'on entend toc toc sur le trottoir
                        toujours à la même place
Juste au-dessous de vos pieds

Les pas perdus tombent sous soi dans le vide
            et l'on croit qu'on ne va plus les rencontrer
On croit que le pas perdu c'est donné une fois
                pour toutes perdu une fois pour toutes
Mais c'est une bien drôle de semence
Et qui a sa loi
Ils se placent en cercle et vous regardent avec ironie
Prisonniers des pas perdus.

... DANS MA MAIN
LE BOUT CASSÉ
DE TOUS LES CHEMINS...

MONDE IRRÉMÉDIABLE DÉSERT

Dans ma main
Le bout cassé de tous les chemins

Quand est-ce qu'on a laissé tomber les amarres
Comment est-ce qu'on a perdu tous les chemins

La distance infranchissable
Ponts rompus
Chemins perdus

Dans le bas du ciel, cent visages

Impossibles à voir
La lumière interrompue d'ici-là
Un grand couteau d'ombre
Passe au milieu de mes regards

De ce lieu délié
Quel appel de bras tendus
Se perd dans l'air infranchissable

La mémoire qu'on interroge
A de lourds rideaux aux fenêtres
Pourquoi lui demander rien ?
L'ombre des absents est sans voix

Et se confond maintenant avec les murs
De la chambre vide.

Où sont les ponts les chemins les portes
Les paroles ne passent pas
La voix ne porte pas

Vais-je m'élancer sur ce fil incertain
Sur un fil imaginaire tendu sur l'ombre
Trouver peut-être les visages tournés
Et me heurter d'un grand coup sourd
Contre l'absence

Les ponts rompus
Chemins coupés
Le commencement de toutes présences
Le premier pas de toute compagnie
Gît cassé dans sa main.

Un bon coup de guillotine
Pour accentuer les distances

Je place ma tête sur la cheminée
Et le reste vaque à ses affaires

Mes pieds s'en vont à leurs voyages
Mes mains à leurs pauvres ouvrages

Sur la console de la cheminée
Ma tête a l'air d'être en vacances

Un sourire est sur ma bouche
Tel que si je venais de naître
Mon regard passe, calme et léger
Ainsi qu'une âme délivrée

On dirait que j'ai perdu la mémoire
Et cela fait une douce tête de fou.

Figure à nos yeux
Figures surgies
À peine
Et qui ne quittez pas encore l'ombre
Quel désir vous attire
À percer l'ombre
Et quelle ombre vous retire
Évanescentes à nos yeux

Figures balancées
Aux confins du visible et qui surgissez
En un jeu de vous voiler et dévoiler
Vous venez mourir ici sur le bord
                              [d'un sourire imaginaire
Et nous envelopper dans la chaleur de votre gravité
Balancement entre l'apparence et l'adieu
Vous nous quittez et vos yeux n'auront pas regardé
Mais nous serons tombés dedans comme dans la nuit.

VOYAGE
AU BOUT DU MONDE

Des navires bercés dans un port
Doux bercements avec des souvenirs de voyage

Puis on trouve seuls les souvenirs errants
　　qui reviennent et ne trouvent pas de port
Souvenirs sans port d'attache
Trouvent le port déserté
Un grand lieu vide sans vaisseaux.

Je regarde en ce moment sur la mer et je vois
　　un tournoiement d'oiseaux
Alentour de je ne sais quel souvenir des mâts
　　d'un bateau péri
Qui furent sur la mer jadis leur port d'attache

Et c'est à ce moment aussi que j'ai vu fuir
Un bateau fantôme à deux mâts déserts
Que les oiseaux n'ont pas vu, n'ont pas reconnu
Alors il reste dans le ciel sur la mer
Un tournoiement d'oiseaux sans port d'attache.

Mon dessein n'est pas un très bel édifice
　　bien vaste, solide et parfait
Mais plutôt de sortir en plein air

Il y a les plantes, l'air et les oiseaux
Il y a la lumière et ses roseaux
Il y a l'eau
Il y a dans l'eau, dans l'air et sur la terre

Toutes sortes de choses et d'animaux
Il ne s'agit pas de les nommer, il y en a trop
Mais chacun sait qu'il y en a tant et plus
Et que chacun est différent, unique
On n'a pas vu deux fois le même rayon
Tomber de la même façon dans la même eau
De la fontaine

Chacun est unique et seul

Moi j'en prends un ici
J'en prends un là
Et je les mets ensemble pour qu'ils se tiennent
                                    [compagnie

Ça n'est pas la fin de la nuit,
Ça n'est pas la fin du monde !
C'est moi.

On n'a pas eu trop de neiges à manger
On n'a pas eu à boire trop de vents et de rafales
On n'a pas eu trop de glace à porter
Trop de morts à porter dans des mains de glaçons

Il en est qui n'ont pas pu partir
Qui n'ont pas eu le courage de vouloir s'en aller
Qui n'ont pas eu la joie aux yeux d'embrasser l'espace
Qui n'ont pas eu l'éclair du sang dans les bras
                                    [de s'étendre
Ils se sont endormis sur des bancs
Leur âme leur fut ravie durant leur sommeil

94

Ils se sont réveillés en sursaut comme des domestiques
Que le maître surprend à ne pas travailler

On n'a pas eu envie de s'arrêter
On n'a pas eu trop de fatigues à dompter
Pour l'indépendance de nos gestes dans l'espace
Pour la liberté de nos yeux sur toute la place
Pour le libre bond de nos cœurs par-dessus les monts

Il en est qui n'ont pas voulu partir
Qui ont voulu ne pas partir, mais demeurer,

On les regarde on ne sait pas
Nous ne sommes pas de la même race.

Bout du monde ! Bout du monde ! Ce n'est pas loin !
On croyait au fond de soi faire un voyage
                              [à n'en plus finir
Mais on découvre la platitude de la terre
La terre notre image
Et c'est maintenant le bout du monde cela
Il faut s'arrêter
On en est là

Il faut maintenant savoir entreprendre le pèlerinage
Et s'en retourner à rebrousse pas de notre venue
Et s'en retourner à contre-courant de notre mirage

Sans tourner la tête aux nouvelles voix de notre

                                          [richesse
On a déjà trop attendu au bord d'un arrêt tout seul
On a déjà perdu trop de cœur à s'arrêter

Nous groupons alentour de l'espace

                           de ce que nous n'avons pas
La réalité définitivement acceptable

                         [de ce que nous pourrions avoir
Des colonies et des possessions

                          [et toute une ceinture d'îles
Faites à l'image et amorcées par ce point

           au milieu central de ce que nous n'avons pas
qui est le désir.

LA NUIT

Et maintenant quand est-ce que nous avons mangé
                                        [notre joie
Toutes les autres questions en ce moment ont fermé
                                        [la bouche de leur soif
Et l'on n'entend plus que celle-là qui reste
                                        [persistante et douloureuse
Comme un souvenir lointain qui nous déchire jusqu'ici
Cette promesse et cette espèce d'entrevue
                                        [avec la promise
Et maintenant que nous nous sommes déchirés
                                        [un sillon jusqu'ici,
Jusqu'où nous en sommes
Cette question nous rejoint
Et nous emplit de sa voix de désespoir
Quand est-ce que nous avons mangé notre joie
Où est-ce que nous avons mangé notre joie
Qui est-ce qui a mangé notre joie
Car il y a certainement un traître parmi nous
Qui s'est assis à notre table quand nous nous sommes
                                        [assis tant que nous sommes
Tant que nous étions

Tous ceux qui sont morts de cette espèce de caravane
                                        [qui a passé
Tous les enfants et les bons animaux de cette journée
                                        [qui sont morts
Et tous ceux maintenant lourds aux pieds
                                        [qui continuent à s'acheminer

Dans cette espèce de rêve aux mâchoires fermées
Et dans cette espèce de désert de la dernière aridité
Et dans cette lumière retirée derrière un mur
     infranchissable de vide et qui ne sert plus à rien
Parmi tous ceux qui nous sommes assis
      [tant que nous étions et tant que nous sommes
(Car nous transportons le poids des morts
              [plus que celui des vivants)
Qui est-ce qui a mangé notre joie parmi nous
Dont ne reste plus que cette espèce de souvenir
         [qui nous a déchirés jusqu'ici
Qui est-ce parmi nous que nous avons chacun abrité
Accueilli parmi nous
Retenu parmi nous par une espèce de secrète entente
Ce traître frère que nous avons reconnu pour frère
    [et emmené avec nous dans notre voyage d'un
    [commun accord
Et protégé d'une complicité commune
Et suivi jusqu'à cette extrémité que notre joie
               [a été toute mangée
Sous nos yeux sans regarder
Et qu'il ne reste plus que cette espèce de souvenir
         [qui nous a déchirés jusqu'ici
Et cet illusoire désespoir qui achève de crever
              [dans son lit.

I

On n'avait pas fini de ne plus se comprendre
On avançait toujours à se perdre de vue
On n'avait pas fini de se trouver les plaies
On n'avait pas fini de ne plus se rejoindre
Le désir retombait sur nous comme du feu

Notre ombre invisible est continue
Et ne nous quitte pas pour tomber derrière nous
[sur le chemin

On la porte pendue aux épaules
Elle est obstinée à notre poursuite
Et dévore à mesure que nous avançons
La lumière de notre présence

On n'arrive guère à s'en débarrasser
En se retournant tout à coup on la retrouve
[à la même place

On n'arrive pas à la secouer de soi
Et quand elle est presque sous nous alentour de midi
Elle fait encore sous nos pieds
Un trou menaçant dans la lumière.

La terre était dans l'ombre et mangeait ses péchés
On était à s'aimer comme des bêtes féroces
La chair hurlait partout comme une damnée
Et des coups contre nous et des coups entre nous
Résonnaient dans la surdité du temps qui s'épaissit

Voilà qu'ils sont venus avec leur âme du bon Dieu
Voilà qu'ils sont venus avec le matin de leurs yeux
Leurs yeux pour nous se sont ouverts comme une
                                         [aurore
Voilà que leur amour a toute lavé notre chair
Ils ont fait de toute la terre un jardin pré
Un pré de fleurs pour la visite de la lumière
De fleurs pour la présence de tout le ciel dessus

Ils ont bu toute la terre comme une onde
Ils ont mangé toute la terre avec leurs yeux
Ils ont retrouvé toutes les voix que les gens ont
                                         [perdues
Ils ont recueilli tous les mots qu'on avait foutus

Le temps marche à nos talons
Dans l'ombre qu'on fait sur le chemin
Tous ceux-là, le temps et l'ombre sont venus
Ils ont égrené notre vie à nos talons
Et voilà que les hommes s'en vont en s'effritant
Les pas de leur passage sont perdus sans retour
Les plus belles présences ont été mangées
Les plus purs éclats furent effacés
Et l'on croit entendre les pas du soir derrière soi
Qui s'avance pour nous ravir toutes nos compagnies
Qui vient effacer en cercle tout le monde
Vient dépeupler la terre à nos regards
Nous refouler au haut d'un rocher comme le déluge
Nous déposséder de tout l'univers
Et nous prendre au piège d'une solitude définitive

Mais voilà que sont venus ceux qu'on attendait
Voilà qu'ils sont venus avec leur âme du bon Dieu
Leurs yeux du bon Dieu
Qu'ils sont venus avec les filets de leurs mains
Le piège merveilleux de leurs yeux pour filets
Ils sont venus par derrière le temps et l'ombre
Aux trousses de l'ombre et du temps
Ils ont tout ramassé ce qu'on avait laissé tomber.

V

On n'a pas lieu de se consoler quand la nuit vient
De se tranquilliser d'être soulagé
De regarder avec un sourire autour de soi
Et parce qu'on ne voit plus l'ombre de se croire libéré

C'est seulement qu'on ne la voit plus
Sa présence n'est plus éclairée
Parce qu'elle a donné la main à toutes les ombres
Nous ne sommes plus qu'une petite lumière enfermée
Qu'une petite présence intérieure dans l'absence universelle

Et l'appel de nos yeux ne trouve point d'écho
Dans le silence de l'ombre déserte

On passe en voyage au soleil
On est un passage vêtu de lumière
Avec notre ombre à nos trousses comme un cheval
Qui mange à mesure notre mort

Avec notre ombre à nos trousses comme une absence
Qui boit à mesure notre lumière

Avec notre absence à nos trousses comme une fosse
Un trou dans la lumière sur la route
Qui avale notre passage comme l'oubli.

POIDS ET MESURES

Il ne s'agit pas de tirer les choses par les cheveux
D'attacher par les cheveux une femme
                              [à la queue d'un cheval
D'empiler des morts à la queue-leu-leu
Au fil de l'épée, au fil du temps.

On peut s'amuser à faire des nœuds
                              [avec des lignes parallèles
C'est un divertissement un peu métaphysique
L'absurde n'étant pas réduit à loger au nez de Cyrano
Mais en regardant cela la tête à l'envers
On aperçoit des évocations d'autres mondes
On aperçoit des cassures dans notre monde
                              [qui font des trous

On peut être fâché de voir des trous dans notre monde
On peut être scandalisé par un bas percé un gilet
                              [un gant percé qui laisse voir un doigt
On peut exiger que tout soit rapiécé

Mais un trou dans notre monde c'est déjà quelque chose
Pourvu qu'on s'accroche dedans les pieds
                              [et qu'on y tombe
La tête et qu'on y tombe la tête la première
Cela permet de voguer et même de revenir
Cela peut libérer de mesurer le monde à pied
                              [pied à pied.

LA MORT GRANDISSANTE

I

Et jusqu'au sommeil perdu dont erre l'ombre
                    [autour de nous sans nous prendre
Estompe tout, ne laissant que ce point en moi
                              [lourd lourd lourd
Qui attend le réveil au matin pour se mettre
                              [tout à fait debout
Au milieu de moi détruit, désarçonné, désemparé,
                                   [agonisant.

Ah ! ce n'est pas la peine qu'on en vive
Quand on en meurt si bien
Pas la peine de vivre
Et voir cela mourir, mourir
Le soleil et les étoiles

Ah ! ce n'est pas la peine de vivre
Et de survivre aux fleurs
Et de survivre au feu, des cendres
Mais il vaudrait si mieux qu'on meure
Avec la fleur dans le cœur
Avec cette éclatante
Fleur de feu dans le cœur.

C'est eux qui m'ont tué
Sont tombés sur mon dos avec leurs armes, m'ont tué
Sont tombés sur mon cœur avec leur haine, m'ont tué
Sont tombés sur mes nerfs avec leurs cris, m'ont tué

C'est eux en avalanche m'ont écrasé
Cassé en éclats comme du bois

Rompu mes nerfs comme un câble de fils de fer
Qui se rompt net et tous les fils en bouquet fou
Jaillissent et se recourbent, pointes à vif

Ont émietté ma défense comme une croûte sèche
Ont égrené mon cœur comme de la mie
Ont tout éparpillé cela dans la nuit

Ils ont tout piétiné sans en avoir l'air,
Sans le savoir, le vouloir, sans le pouvoir,
Sans y penser, sans y prendre garde
Par leur seul terrible mystère étranger
Parce qu'ils ne sont pas à moi venus m'embrasser

Ah ! dans quel désert faut-il qu'on s'en aille
Pour mourir de soi-même tranquillement.

Mais les vivants n'ont pas pitié des morts
Et que feraient les morts de la pitié des vivants
Mais le cœur des vivants est dur comme un bon arbre
                    [et ils s'en vont forts de leur vie
Pourtant le cœur des morts est déjà tout en sang
                    [et occupé d'angoisse depuis longtemps
Et tout en proie aux coups, trop accessible aux coups
                    [à travers leur carcasse ouverte
Mais les vivants passant n'ont pas pitié des morts
                    [qui restent avec leur cœur au vent sans abri.

II

Nous avons attendu de la douleur
qu'elle modèle notre figure
                    [à la dureté magnifique de nos os
Au silence irréductible et certain de nos os
Ce dernier retranchement inexpugnable de notre être
qu'elle tende à nos os clairement la peau de nos
                                        [figures
La chair lâche et troublée de nos figures
qui crèvent à tout moment et se décomposent
Cette peau qui flotte au vent de notre figure
                                    [triste oripeau.

Faible oripeau à tous les vents qui nous trahit
Qu'elle l'assujettisse décidément
                    [à la forme certaine de nos os clairs.

Mais la douleur fut-elle devancée
Est-ce que la mort serait venue secrètement
                    [faire son nid dans nos os mêmes
Aurait pénétré, corrompu nos os mêmes
Aurait élu domicile dans la substance même de nos os
Parmi nos os
De sorte qu'arrivée là après toute la chair traversée
Après toutes les épaisseurs traversées
                    [qu'on lui avait jetées en pâture
Après toutes ces morsures dans notre chair molle
                    [et comme engourdie
La douleur ne trouve pas non plus
                    [de substance ferme à quoi s'attaquer
De substance ferme à quoi s'agripper
                    [d'une poigne ferme
Densité à percer d'un solide aiguillon
Un silence solide à chauffer à blanc
Une sensibilité essentielle et silencieuse
                    [à torturer sans la détruire

Mais elle ne rejoint encore qu'une surface qui s'effrite
Un édifice poreux qui se dissout
Un fantôme qui s'écroule et ne laisse plus que
                    [poussière.

Nous des ombres de cadavres elles des réalités
                          [de cadavres, des os de cadavres,
Et quelle pitié nous prend (et quelle admiration)
                          [ombres consciences de cadavres
Et terreur fraternelle nous prend

Devant cette réponse faite
Cette image offerte
Os de cadavres.

Quand on est réduit à ses os
Assis sur ses os
couché en ses os
avec la nuit devant soi.

Nous allons détacher nos membres
 et les mettre en rang pour en faire un inventaire
Afin de voir ce qui manque
De trouver le joint qui ne va pas
Car il est impossible de recevoir assis tranquillement
               la mort grandissante.

Quitte le monticule impossible au milieu
Et le manteau gardant le silence des os
Et la grappe du cœur enfin désespéré
Où pourra maintenant s'incruster cette croix
À la place du glaive acide du dépit
À l'endroit pratiqué par le couteau fixé
Dont le manche remue un mal encore aigu
Chaque fois que ta main se retourne vers toi
Où s'incruste la croix avec ses bras de fer
Comme le fer qu'on cloue à l'écorce d'un arbre
Qui blesse la surface, mais la cicatrice
De l'écorce bientôt le submerge et le couvre
Et plus tard le fil dur qui blessait la surface
On le voit assuré au bon centre du tronc
C'est ainsi que la croix sera faite en ton cœur
Et la tête et les bras et les pieds qui dépassent
Avec le Christ dessus et nos minces douleurs.

Quitte le monticule impossible au milieu
Place-toi désormais aux limites du lieu
Avec tout le pays derrière tes épaules
Et plus rien devant toi que ce pas à parfaire
Le pôle repéré par l'espoir praticable
Et le cœur aimanté par le fer de la croix.

Mon cœur cette pierre qui pèse en moi
Mon cœur pétrifié par ce stérile arrêt
Et regard retourné vers les feux de la ville
Et l'envie attardée aux cendres des regrets
Et les regrets perdus vers les pays possibles

Ramène ton manteau, pèlerin sans espoir
Ramène ton manteau contre tes os
Rabats tes bras épars de bonheurs désertés

Ramène le manteau de ta pauvreté contre tes os
Et la grappe séchée de ton cœur pour noyau
Laisse un autre à présent en attendrir la peau

Quitte le monticule impossible au milieu
D'un pays dérisoire et dont tu fis le lieu
De l'affût au secret à surprendre de nuit
Au secret d'un mirage où déserter l'ennui.

S'ENDORMIR
À CŒUR OUVERT

Et je prierai ta grâce de me crucifier
Et de clouer mes pieds à ta montagne sainte
Pour qu'ils ne courent pas sur les routes fermées
Les routes qui s'en vont vertigineusement
De toi
Et que mes bras aussi soient tenus grands ouverts
À l'amour par des clous solides, et mes mains
Mes mains ivres de chair, brûlantes de péché,
Soient, à te regarder, lavées par ta lumière
Et je prierai l'amour de toi, chaîne de feu,
De me bien attacher au bord de ton calvaire
Et de garder toujours mon regard sur ta face
Pendant que reluira par-dessus ta douleur
La résurrection et le jour éternel.

Après tant et tant de fatigue
Espoir d'un sommeil d'enfant

Un repos enfin meilleur
Après tous les sommeils noirs
Un bon repos nous invite

Ce soir à la fraîcheur des draps
La blancheur de l'oreiller
À l'abandon de la nuit

Au bonheur de s'endormir
Le cœur déjà délié
L'âme déjà allégée

Misérable dépaysé
Par le bonheur d'aller dormir

Non plus le plongeon de rage dans le noir
Non plus la fin du courage
Non plus la mort au mirage
Désespoir

Ma misère est effacée
Mais qui nous a visité
Et comment renouvelé

Pour que nous retrouvions ce soir
Confiance et la chaleur
De s'endormir en oiseau
D'être enfant pour s'endormir
Dans la fraîcheur de son lit
Dans la bonté protectrice
Qui flotte deux dans le noir

Les cils des arbres au bord de ce grand œil
                                    [de la nuit
Des arbres cils au bord de ce grand œil la nuit
Les montagnes des grèves autour de ce grand
                          [lac calme le ciel la nuit
Nos chemins en repos maintenant dans leurs creux
Nos champs en reposoir
          avec à peine le frisson passager
          dans l'herbe de la brise
Nos champs calmement déroulés sur cette profondeur
                    [brune chaude et fraîche de la terre
Et nos forêts ont déroulé leurs cheveux
                                    [sur les pentes...

CHRONOLOGIE

1912   13 juin, naissance à Montréal de Saint-Denys Garneau, fils aîné de Paul Garneau et de Hermine Prévost. Il est l'arrière-petit-fils de l'historien François-Xavier Garneau et le petit-fils du poète Alfred Garneau.

1916-1923   Saint-Denys Garneau habite avec ses parents le manoir ancestral des Juchereau-Duchesnay, à Sainte-Catherine-de-Fossambault.

1923   De retour à Montréal avec sa famille, il commence ses études classiques chez les Jésuites du collège Sainte-Marie, à Montréal.

1924   Etudiant au collège Loyola, que dirigent les Jésuites anglophones, il suit aussi des cours à l'Ecole des Beaux-Arts de Montréal.

1925   Il remporte un deuxième prix et une médaille de bronze de l'Ecole des Beaux-Arts.

1926   Dans un concours littéraire organisé par la maison Henry Morgan, Saint-Denys Garneau décroche le premier prix avec une fantaisie poétique intitulée « Dinosaurus ». En septembre de la même année, il s'inscrit de nouveau au collège Sainte-Marie.

1927   D'abord inscrit au collège Sainte-Marie, il passe au collège Brébeuf. Faute de temps libre, il doit quitter l'Ecole des Beaux-Arts.

1928   Le 6 octobre, Saint-Denys Garneau obtient le premier prix du concours de poésie de l'Association des Auteurs canadiens. Il publie divers articles dans une publication d'étudiants, la *Revue scientifique et artistique*.

1930   En septembre, il est étudiant de Belles-Lettres au collège Sainte-Marie. Il collabore à la *Revue scientifique et artistique*.

1931   Il écrit dans l'*Album-souvenir du Collège Sainte-Marie* et dans la revue *Nous* (entièrement rédigée par les étudiants du collège). Il fait un premier semestre en Rhétorique.

1932   Au début de l'année, il étudie en Belles-Lettres mais doit quitter le collège, en février, pour revenir à la rentrée suivante où il se retrouve en Rhétorique.

1933   Toujours au collège Sainte-Marie, il est en première philosophie.

1934   Il interrompt ses études selon la recommandation du médecin. Il expose à la Galerie des Arts de Montréal et écrit dans *la Relève* que viennent de fonder plusieurs confrères et amis du poète. Il compose des poèmes, esquisse des contes et des récits et rédige un journal.

1935-1936   Il collabore régulièrement à *la Relève*.

1937   Il publie des poèmes et des articles dans *les Idées*, *le Canada* et *la Relève*. Egalement, il dirige l'édition, l'impression et la publication de *Regards et Jeux dans l'espace* qui paraît en mars. L'édition originale, tirée à mille exemplaires, est retirée du commerce par l'auteur quelques semaines seulement après sa parution. En juillet, Saint-Denys Garneau effectue un voyage de trois semaines à Paris en compagnie d'un ami.

1938   Il écrit dans *l'Action nationale*.

1943   Le 24 octobre, Saint-Denys Garneau meurt subitement à Sainte-Catherine-de-Fossambault.

1949   Publication de *Poésies complètes* réunissant *Regards et Jeux dans l'espace* et une série de soixante et un poèmes intitulée *les Solitudes*.

1954   Publication des meilleures pages du *Journal* chez Beauchemin.

1956   Publication de Saint-Denys Garneau, textes choisis et présentés par Benoît Lacroix (Collection Classiques canadiens chez Fides).

1960   L'Office national du film du Canada présente *Saint-Denys Garneau*, un film documentaire de vingt-sept minutes dont le scénario est de Anne Hébert ; les images sont de Michel Brault et la direction, de Louis Portugais.

1967   Publication de *Lettres à ses amis* aux Editions H.M.H.

1968   Les 18-19 octobre, le département d'études françaises de l'Université de Montréal organise un colloque : « Aspects de Saint-Denys Garneau ».

1971   Publication de *Saint-Denys Garneau. Oeuvres*. Texte établi, annoté et présenté par Jacques Brault et Benoît Lacroix, aux Presses de l'Université de Montréal. Ce volume contient la majorité des écrits de Saint-Denys Garneau.

BIBLIOGRAPHIE

I. *Oeuvres*

Poèmes

Regards et Jeux dans l'espace. Montréal, [s.é.], 1937, 75, [8] p.

Poésies complètes. Regards et Jeux dans l'espace. Les Solitudes. Avertissement de Robert Elie et Jean Le Moyne. Introduction de Robert Elie, Montréal, Fides, [1949], 227 p. (Collection du Nénuphar).

——, Montréal, Fides, [1956], 226 p. (Collection du Nénuphar).

——, Montréal, Fides, [1960], 226 p. (Collection du Nénuphar).

Saint-Denys Garneau. Oeuvres. Texte établi, annoté et présenté par Jacques Brault et Benoît Lacroix, professeurs à l'Université de Montréal, Montréal, les Presses de l'Université de Montréal, 1971, XXVII, 1 320 p.

Poésies. Regards et Jeux dans l'espace. Les Solitudes. Nouvelle édition. Avertissement de Robert Elie et Jean Le Moyne. Introduction de Robert Elie, Montréal, Fides, 1972, 238 p. (Collection du Nénuphar).

Complete Poems of Saint-Denys Garneau. Translated with an Introduction by John Glassco, [s.l.n.é.], 1975, 172, [4] p.

Proses

Journal. Préface de Gilles Marcotte. Avertissement de Robert Elie et Jean Le Moyne, Montréal, Beauchemin, 1954, 270 p.
——, Montréal, Beauchemin, 1962, 270 p.

Lettres à Jean Le Moyne. Montréal, *Ecrits du Canada français*, nᵒ 5, 1959, p. [205]-263.

Lettres à ses amis. Montréal, Editions H.M.H., 1967, 489 p. (Collection Constantes).

Saint-Denys Garneau. Oeuvres. Texte établi, annoté et présenté par Jacques Brault et Benoît Lacroix, professeurs à l'Université de Montréal, Montréal, les Presses de l'Université de Montréal, 1971, xxvii, 1 320 p.

Journal. Translated by John Glassco, Introduction by Gilles Marcotte, Toronto, McLelland and Stewart, 1962, 139 p.

Choix de poèmes et de proses

Saint-Denys Garneau. Textes choisis et présentés par Benoît Lacroix, Montréal et Paris, Fides, [1956], 95 p. (Collection Classiques canadiens).

——, Deuxième édition revue et augmentée, Montréal et Paris, Fides, [1961], 96 p.
——, Troisième édition revue et corrigée, Montréal et Paris, Fides, [1967], 97 p.

Saint-Denys Garneau. Présentation par Eva Kushner. Choix de textes, inédits, bibliographie, portraits, fac-similé, Paris, Editions Pierre Seghers [et] Montréal, Fides, [1967], 189 p. (Collection Poètes d'aujourd'hui).

Saint-Denys Garneau. Poèmes choisis. Montréal, Fides, [1970], 141 p. (Collection Bibliothèque canadienne-française).

II. *Etudes* [Choix]

AUDET, Noël, « Saint-Denys Garneau ou le Procès métonymique », *Voix et Images*, vol. I, n° 3, avril 1976, p. 432-443.

BÉGIN, (abbé) Emile, « Bibliographie canadienne. *Regards et Jeux dans l'espace* », *l'Enseignement secondaire au Canada*, vol. XVII, n° 11, novembre 1937, p. 236-237.

BÉGUIN, Albert, « Réduit au squelette », *Esprit*, vol. XXII, n° 220, novembre 1954, p. 640-649.

BELLEFEUILLE, Normand DE, « ‹ Saules › de Saint-Denys Garneau : une esquisse ? », *Voix et Images du pays*, n° VII, novembre 1973, p. 137-150.

BÉRUBÉ, Renald, « Sur deux poèmes de Saint-Denys Garneau », *Voix et Images du pays*, n° VI, mars 1973, p. 91-102.

BLAIS, Jacques, *Saint-Denys Garneau*, [Montréal], Fides, [1971], 65 p. (Collection Dossiers de documentation sur la littérature canadienne-française).

——, « Documents pour servir à la bibliographie critique de l'œuvre de Saint-Denys Garneau », *Revue de l'Université Laval*, vol. XVIII, n° 5, janvier 1964, p. [424]-438.

——, *Saint-Denys Garneau et le Mythe d'Icare*, Sherbrooke, Editions Cosmos, [1973], 149, [1] p. [Une partie de ce texte a déjà paru sous le titre « Un nouvel Icare » dans *Revue de l'Université Laval*, vol. XVIII, n° 3, novembre 1963, p. 210-235.]

——, *De l'Ordre et de l'Aventure*, Québec, les Presses de l'université Laval, 1975, p. 141-164. (Collection Vie des lettres québécoises, n° 14).

BONENFANT, Joseph, « l'Ombre de Mallarmé sur la poésie de Saint-Denys Garneau et de Miron », *Voix et Images du pays*, n° VI, mars 1973, p. 51-63.

BOURNEUF, Roland, « Saint-Denis [*sic*] Garneau et l'Avenir de la littérature canadienne-française », *l'Enseignement secondaire au Canada*, vol. XLV, n° 5, novembre-décembre 1966, p. 209-212.

——, « la Publication de *Regards et Jeux dans l'espace* », *l'Enseignement secondaire au Canada*, vol. XLVI, n° 1, janvier-février 1967, p. 5-11.

——, *Saint-Denys Garneau et ses lectures européennes*, Québec, les Presses de l'université Laval, 1969, 332 p.

BRAULT, Jacques, « Saint-Denys Garneau 1968 », *Etudes françaises*, vol. IV, n° 1, novembre 1968, p. 403-405.

——, « Saint-Denys Garneau réduit au silence », *la Poésie canadienne-française*, Montréal, Fides, [1969], p. 323-331 (Archives des lettres canadiennes, t. IV).

BRUNET, Berthelot, « *Regards et Jeux dans l'espace* », *la Nation*, vol. II, n° 14, 13 mai 1937, p. 2.

——, « Saint-Denys Garneau et la Poésie », *Notre Temps*, vol. II, n° 31, 17 mai 1947, p. 3, 6.

CARTIER, Georges, « le Tombeau d'un poète : Paysage de Saint-Denys Garneau », *Action universitaire*, vol. XX, n° 1, octobre 1953, p. 26-34.

——, « Saint-Denys Garneau », *l'Ecole canadienne*, vol. XXIX, n° 2, octobre 1953, p. 87-89.

CHARBONNEAU, Robert, « De Saint-Denys Garneau », *la Nouvelle Relève*, vol. III, n° 9, décembre 1944, p. 524.

DEBIEN, Léon, « Saint-Denys Garneau et François Mauriac ». Thèse de diplôme d'études supérieures, Montréal, Université de Montréal, 1966, III, 83, XXXIX f. [Un résumé des chapitres II et III de cette thèse parut d'abord dans *Liberté*, vol. X, n° 1, janvier-février 1968, p. 20-28, puis dans *Québec 68*, vol. V, n° 1, octobre 1968, p. 67-75.]

Désautels, Andrée, « Saint-Denys Garneau et la Musique », *Journal musical canadien*, juin 1954, p. 3.

Des Roches, F., « l'Expression poétique de Saint-Denys Garneau ». Thèse de doctorat ès lettres, Strasbourg, Université de Strasbourg, 1970, 316 f.

Dugas, Marcel, « Saint-Denys Garneau. Prose », *le Canada*, vol. XLI, no 193, 19 novembre 1943, p. 4.
——, « Saint-Denys Garneau », *Approches*, Québec, Editions du Chien d'Or, 1942, p. 79-98.

Duhamel, Roger, « *Regards et Jeux dans l'espace* », *l'Action nationale*, vol. X, no 3, novembre 1937, p. 239-240.
——, « Un poète mort à trente ans », *le Devoir*, vol. XXXIV, no 255, 6 novembre 1943, p. 8.

Elie, Robert, « *Regards et Jeux dans l'espace* », *la Relève*, vol. III, no 4, mars 1937, p. 120-123.
——, « *Regards et Yeux* [sic] *dans l'espace*. Les poèmes sincères de Saint-Denys Garneau », *la Province*, vol. III, no 4, 24 avril 1937, p. 2.
——, « les Poèmes de Saint-Denys Garneau », *la Nouvelle Relève*, vol. III, no 9, décembre 1944, p. 529-533.
——, « la Poésie de Saint-Denys Garneau », *Action universitaire*, vol. XVI, no 1, octobre 1949, p. 36-47.
——, « Saint-Denys Garneau », *Our Living Tradition*. Fourth series, Toronto, Edited by Robert L. McDougall, 1962, p. 77-92.

Ellis, M. B., *De Saint-Denys Garneau. Art et réalisme*, suivi d'*Un petit dictionnaire poétique*, Montréal, les Editions Chanteclerc, [1949], 197 p.

Emmanuel, Pierre, « le Poète Saint-Denys Garneau », *le Devoir*, vol. XLIII, no 194, 16 août 1952, p. 6.

Folch, Jacques, « Réponse à une question sur Saint-Denys Garneau », *Liberté*, vol. IX, no 3, mai-juin 1967, p. 30-32.

FORTIER, Lévis, *le Message poétique de Saint-Denys Garneau*. Ottawa, les Editions de l'Université d'Ottawa, 1954, 230 p.

GÉLINAS, Pierre, « Saint-Denys Garneau », *le Jour*, vol. VII, n° 9, 6 novembre 1943, p. 6.

GIGUÈRE, Richard, « l'Evolution thématique de la poésie québécoise de Saint-Denys Garneau et Anne Hébert à Roland Giguère et Paul Chamberland ». Thèse de maîtrise ès arts, Sherbrooke, Université de Sherbrooke, 1970, 389 f.

———, « D'un ‹ équilibre impondérable › à une ‹ violence élémentaire ›. Evolution thématique de la poésie québécoise 1935-1965 : Saint-Denys Garneau, Anne Hébert, Roland Giguère et Paul Chamberland », *Voix et Images du pays*, n° VII, novembre 1973, p. 51-90.

GIRARD, Henri, « la Vie artistique. *Regards et Jeux dans l'espace* », *le Canada*, vol. XXXIV, n° 300, 30 mars 1937, p. 2.

GRANDBOIS, Alain, « Saint-Denys Garneau », *Notre Temps*, vol. II, n° 31, 17 mai 1947, p. 3.

GRANDMONT, Eloi de, « Saint-Denys Garneau », *le Quartier latin*, vol. XXV, n° 5, 5 novembre 1943, p. 6.

GUÈVREMONT, Lise, « ‹ *C'est eux qui m'ont tué* ›, Saint-Denys Garneau », *la Barre du jour*, printemps-été 1973, p. 154-172.

HAECK, Philippe, « Naissance de la poésie moderne au Québec », *Etudes françaises*, vol. IX, n° 2, mai 1973, p. 95-113 [v. p. 95-103].

HAMEL, Emile-Charles, « Saint-Denys Garneau », *le Jour*, vol. I, n° 9, 13 novembre 1937, p. 8.

HAMEL, Réginald, HARE, John et WYCZYNSKI, Paul, *Dictionnaire pratique des auteurs québécois*, Montréal, Fides, [1976], p. 277-279.

HAYNE, David M., « A Forest of Symbols. An Introduction to Saint-Denys Garneau », *Canadian Literature*, n⁰ 3 (Winter 1960), p. 5-16.

HÉBERT, Anne, « De Saint-Denys Garneau et le Paysage », *la Nouvelle Relève*, vol. III, n⁰ 9, décembre 1944, p. 523.

HÉBERT, Maurice, « *Regards et Jeux dans l'espace* », *le Canada français*, vol. XXVI, n⁰ 5, janvier 1939, p. 464-477.

HÉNAULT, Gilles, « Saint-Denys Garneau ou la Vie impossible », *Etudes françaises*, vol. V, n⁰ 4, novembre 1969, p. 480-488.

HERTEL, François [pseudonyme de Rodolphe DUBÉ], « Critique littéraire. *Regards et Jeux dans l'espace* », *le Bien public*, vol. XXV, n⁰ 15, 15 avril 1937, p. 6-10.

———, « Parallèle entre un grand poète et un autre poète moins grand », *l'Information médicale et paramédicale*, vol. XI, n⁰ 1, 18 novembre 1958, p. 27.

KUSHNER, Eva, « la Poétique de l'espace chez Saint-Denys Garneau », *Revue de l'Université d'Ottawa*, vol. XLIII, n⁰ 4, octobre-décembre 1973, p. 540-556.

LACROIX, Benoît, « Hommage. Saint-Denys Garneau aurait soixante ans aujourd'hui », *le Devoir*, vol. LXIII, n⁰ 135, 13 juin 1972, p. 14.

LAFERRIÈRE, Roland, « Saint-Denys Garneau, lecteur de Baudelaire ». Thèse de diplôme d'études supérieures, Montréal, Université de Montréal, 1968, xv, 113 f.

LALIBERTÉ, Yves, « Essai d'explication du poème ‹ Paysage en deux couleurs sur fond de ciel › de Saint-Denys Garneau », *Co-Incidences*, vol. IV, n⁰ 1, janvier-février 1974, p. 54-62.

LANGEVIN, André, « De Saint-Denys Garneau et le Public », *Notre Temps*, vol. II, n⁰ 31, 17 mai 1947, p. 3.

LAPOINTE, Jeanne, « Saint-Denys Garneau et l'Image géométrique », *Cité libre*, vol. XI, n⁰ 27, mai 1960, p. 26-28, 32 [reproduit dans *Présence de la critique*. Textes choisis par Gilles Marcotte, [Montréal], H.M.H., [1966], p. 123-130].

LASNIER, Rina, « Saint-Denys Garneau », *le Devoir*, vol. XXXIV, n⁰ 249, 29 octobre 1943, p. 1, 12.

———, « De quatre poètes », *les Carnets viatoriens*, vol. IX, n⁰ 3, juillet 1944, p. 210-214.

LAURENDEAU, André, « Note de lecture », *l'Action nationale*, vol. XI, n⁰ 1, janvier 1938, p. 78-81.

LÉGARÉ, Romain, o.f.m., *l'Aventure poétique et spirituelle de Saint-Denys Garneau*, Montréal et Paris, Fides, [1957], 190 p. [Deux chapitres parurent d'abord dans *Culture* : « Un aventurier solitaire : Saint-Denys Garneau », vol. XVI, n⁰ 3, septembre 1955, p. 241-251 ; « l'Expérience poétique de Saint-Denys Garneau », vol. XVI, n⁰ 4, décembre 1955, p. 393-403.]

———, « Saint-Denis [*sic*] Garneau », *Lectures*, vol. IV, n⁰ 1, 1er septembre 1957, p. 3-5.

LE MOYNE, Jean, « De Saint-Denys Garneau », *la Nouvelle Relève*, vol. III, n⁰ 9, décembre 1944, p. 514-521.

———, « le Témoignage de Saint-Denys Garneau », *Notre Temps*, vol. II, n⁰ 31, 17 mai 1947, p. 3.

———, « l'Acte de conscience de Saint-Denys Garneau », *le Devoir*, vol. XLIV, n⁰ˢ 113 et 117, 16 et 23 mai 1953, p. 7.

———, « Solitude de Saint-Denys Garneau », *le Devoir*, vol. XLV, n⁰ 53, 6 mars 1954, p. 6.

———, « Saint-Denys Garneau, témoin de notre temps », *Écrits du Canada français*, n⁰ 7, septembre 1960,

p. 9-34 [reproduit dans *Convergences*, Montréal, Editions H.M.H., [1961], p. 219-241].

LEVAC, Roger, « l'Esthétique de Saint-Denys Garneau ». Thèse de maîtrise ès arts, Montréal, Université McGill, 1972, 99 f.

LUSSIER, Gabriel, « Deux poètes de chez nous », *Revue dominicaine*, vol. XLIII, no 1, mai 1937, p. 244-247.

MAJOR, Jean-Louis, « Saint-Denys Garneau et la Poésie », *Etudes françaises*, vol. VIII, no 2, mai 1972, p. 176-194.

——, « Petit Exercice à propos du mythe de Saint-Denys Garneau », *Revue de l'Université d'Ottawa*, vol. XLII, no 3, juillet-septembre 1972, p. 528-549.

MARCOTTE, Gilles, « Saint-Denys Garneau. Etude littéraire », *Ecrits du Canada français*, no 3, 1957, p. 137-231 [reproduit dans *Une littérature qui se fait. Essais critiques sur la littérature canadienne-française*, Montréal, Editions H.M.H., 1962, p. 140-218 (Collection Constantes)].

——, « Une poésie d'exil », *Mercure de France*, vol. CCCXXXIII, no 1 137, mai-août 1958, p. 5-9 [reproduit dans *Une littérature qui se fait*, p. 65-70].

——, « Saint-Denys Garneau naissait il y a cinquante ans... », *la Presse* (supp.), vol. LXXVII, no 211, 23 juin 1962, p. 9.

——, « Saint-Denys Garneau », *le Temps des poètes*. Description critique de la poésie actuelle au Canada français, Montréal, Editions H.M.H., 1969, p. 41-46.

MÉNARD, Jean, « Saint-Denys Garneau et le Drame de la jeune poésie canadienne », *Revue dominicaine*, vol. LX, no 1, mars 1954, p. 74-80.

P., P., « Livres. *Poésies complètes* de Saint-Denys Garneau », *le Quartier latin*, vol. XXXII, no 27, 3 février 1950, p. 3.

PELLETIER, Albert, « Revue des livres », *les Idées*, vol. IV, n° 4, avril 1937, p. 247-249 [reproduit dans *Écrits du Canada français*, n° 34, 1972, p. 115-116].

PURCELL, Patricia Eileen, « le Paysage dans l'œuvre de Saint-Denys Garneau ». Thèse de maîtrise ès arts, Québec, Université Laval, 1963, x, 109 f.

RENAUD, André, « Saint-Denys Garneau », *le Droit*, vol. L, n° 58, 9 mars 1963, p. 12.

ROBERT, Guy, « Il y aura cinquante ans le 13 juin naissait Saint-Denys Garneau », *le Devoir*, vol. LIII, n° 135, 9 juin 1962, p. 9.

——, « Saint-Denys Garneau où l'Angoisse d'être découvert », *Aspects de la littérature québécoise*, Montréal, Beauchemin, 1970, p. 131-159.

SYLVESTRE, Florent, « Saint-Denys Garneau, poète du témoignage », *Studium*, vol. V, n° 1, mai 1950, p. 19-29.

SYLVESTRE, Guy, « la Vie de l'esprit. La poésie. *Regards et Jeux dans l'espace* », *En Avant !*, vol. III, n° 22, 2 juin 1939, p. 3-4.

——, « Saint-Denys Garneau », *Carnets viatoriens*, vol. VI, n° 2, avril 1941, p. 106-110. [reproduit dans *Situation de la poésie canadienne*, Ottawa, « le Droit », 1941, p. 21-26].

——, « Saint-Denys Garneau », *le Droit*, vol. XXXI, n° 251, 30 octobre 1943, p. 8 [reproduit dans *Gants du ciel*, 3e cahier, mars 1944, p. 101].

TURCOTTE, André, « Aspects du langage poétique de Saint-Denys Garneau », *Voix et Images du pays II (Cahiers de Sainte-Marie)*, mai 1969, p. 43-62.

VACHON, [Georges-] André, « le Message poétique de Saint-Denys Garneau », *Collège et Famille*, vol. XII, n° 1, février 1955, p. 42.

VALDOMBRE [pseudonyme de Claude-Henri GRIGNON], « la Vie de l'esprit. La littérature canadienne. *Regards et Jeux dans l'espace* », *En Avant !*, vol. I, nᵒ 11, 26 mars 1937, p. 3.

VAN SCHENDEL, Michel, « Saint-Denys Garneau : l'homme et le mythe », *le Nouveau Journal*, vol. I, nᵒ 52, 4 novembre 1961, p. 6.

VIGNEAULT, Robert, *Saint-Denys Garneau à travers « Regards et Jeux dans l'espace »*, Montréal, les Presses de l'Université de Montréal, 1973, 70 p.

WALTER, *Félix*, « Letters in Canada : 1937 », *University of Toronto Quarterly*, vol. VII, nᵒ 4, July 1938, p. 554.

WYCZYNSKI, Paul, « Saint-Denys Garneau ou la Métamorphose du regard », *Poésie et Symbole*, Montréal, Déom, 1965, p. 109-146.

JUGEMENTS CRITIQUES

« L'œuvre de Saint-Denys Garneau a cette beauté et cette noblesse pariculières des témoignages vrais, et je n'en connais pas de plus émouvant ni de plus loyal. »

[...]

« L'œuvre de Saint-Denys Garneau est le fruit d'une méditation poétique assurée et fidèle à son objet le plus haut, assurée bien qu'elle entraîne le poète dans cette nuit de l'esprit où il n'y a plus que la foi pour le soutenir, où non seulement la pensée de la mort, mais le moindre mouvement d'amour exige le don total de l'âme et se prélève sur l'être même. Nous sommes les témoins d'une expérience poétique qui s'accompagne d'un drame spirituel non moins décisif. Nous pouvons ici vraiment parler de la passion du poète, car l'engagement est entier, et la poésie, loin de souffrir un refuge, accroît les exigences de la vie. »

[...]

« Saint-Denys Garneau nous décrit les état multiples d'une solitude qui grandit. Au thème de l'accompagnement des choses succède celui de l'absence : le temps et l'ombre nous poursuivent et nous prennent « au piège d'une solitude définitive » ; l'ombre, aussi menaçante à midi qu'à minuit, l'emporte toujours sur la lumière ; les chemins que l'on suit au fond de la vallée se rompent comme un mauvais fil... Mais le poète semble parfois prévoir la fin de la nuit ; des messagers de lumière viennent à sa rencontre pour tout racheter « avec le matin de leurs yeux » ; il y a la Croix et il suffit d'un moment de confiance pour que reparaissent, après un cri de désespoir, l'enfant et l'oiseau, ses plus fraîches images [...] ».

> Robert Elie, *Poésies complètes*, Montréal, Fides, 1949.

« C'est qu'il y a chez Saint-Denys Garneau si on veut bien le lire dans le sens normal de l'écriture et respecter la chronologie de ses poèmes et de ses douleurs périodiques, un côté exaltant et fier, un élan vers en haut, une franchise et une sincérité émouvantes qui font de lui un des écrivains les plus vrais et les plus dynamiques de notre histoire. Car au-delà des espoirs humains qui le déçoivent et dont il s'évade, il y aura toujours ses cris de miséricorde et d'immortalité qu'il lance dans la nuit et une tension vers l'espérance qu'il ne cesse, par acquis de conscience, de vérifier devant nous. »

> Benoît Lacroix, o.p., *Saint-Denys Garneau*, Montréal, Fides, 1956, collection « Classiques canadiens », nº 4.

« Le génie éclate à chaque page. Mais aussi de quel prix tragique, pour lui et pour les siens, il fallait payer ces chefs-d'œuvre ! Tout est écrit avec de la vie et finalement avec le sang même de ce précoce génie dont l'art n'était malheureusement un jeu. »

> Étienne Gilson, Lettre aux parents du poète, 26 août 1950.

« Pour lui-même et pour ses amours, Saint-Denys Garneau eût souhaité une harmonie psychique qui ne pouvait exister dans la réalité telle qu'il la perçoit, réalité condamnée. Il s'est donc laissé sombrer dans l'abîme qu'il avait lui-même en grande partie creusé entre ces aspirations et cette vision du réel. Ne pas pouvoir accepter : telle fut sans doute la source principale de ses malheurs, et partant, de sa substance poétique. Ne pourrait-on pas affirmer que, libéré de tout romantisme dans la forme de sa poésie, Saint-Denys Garneau porte encore un lourd héritage romantique dans ses rapports avec le monde »

Eva Kushner, *Saint-Denis Garneau*, Paris, Seghers - Montréal, Fides, 1967, collection, « Poètes d'aujourd'hui », nᵒ 158.

TABLE DES MATIÈRES

REGARDS ET JEUX
DANS L'ESPACE

I. JEUX 7
    Le Jeu 9
    Nous ne sommes pas des comptables 11
    Spectacle de la danse 12
    Rivière de mes yeux 14

II. ENFANTS 15
    Portrait 17

III. ESQUISSES EN PLEIN AIR 19
    Flûte 21
    Les ormes 22
    Les grands saules chantent 23
    Pins à contre-jour 25

IV. DEUX PAYSAGES 27
    Paysage en deux couleurs sur fond de ciel 29
    Un mort demande à boire 31

V. DE GRIS EN PLUS NOIR 33
    Maison fermée 35

VI. FACTION 37
    Faction 39

VII. SANS TITRE 41
    Tu croyais tout tranquille 43

Accueil 45
Cage d'oiseau 47
ACCOMPAGNEMENT 49

LES SOLITUDES

ATTENTE 55
Ma maison 57
Lassitude 58

JEUX 61
Qu'est-ce que je machine ? 63
Je me sens balancer 63

POUVOIRS DE LA PAROLE 65
Silence 67
Parole sur ma lèvre 68
Un poème a mijoté tout le jour 69

LA PAROLE DE LA CHAIR 71
Ce qui était perdu 73
On dirait que sa voix 73
Après les plus vieux vertiges 74

ACCOMPAGNEMENT 77
Ma solitude n'a pas été bonne 79
L'avenir nous met en retard 82

... DANS MA MAIN
LE BOUT CASSÉ DE TOUS LES CHEMINS 85
Monde irrémédiable désert 87
Un bon coup de guillotine 88
Figure à nos yeux 90

VOYAGE AU BOUT DU MONDE 91
Des navires bercés dans un port 93
Je regarde en ce moment sur la mer 93

Mon dessein n'est pas un très bel édifice 93
Bout du monde ! 95

LA NUIT 97
Et maintenant 99
On n'avait pas fini 101
Poids et mesures 105

LA MORT GRANDISSANTE 107
Et jusqu'au sommeil perdu 111
Ah ! ce n'est pas la peine 112
C'est eux qui m'ont tué 113
Mais les vivants n'ont pas pitié 114
Nous avons attendu de la douleur 117
Nous des ombres de cadavres 119
Quand on est réduit à ses os 120
Nous allons détacher nos membres 121
Quitte le monticule 122

S'ENDORMIR À CŒUR OUVERT 125
Et je prierai ta grâce 127
Après tant et tant de fatigue 128
Les cils des arbres 130

Chronologie 131

Bibliographie 135

Jugements critiques 147

bibliothèque québécoise

Beaugrand (Honoré)
La chasse-galerie

DesRochers (Alfred)
À l'ombre de l'Orford

Garneau (Saint-Denys)
Poèmes choisis

Girard (Rodolphe)
Marie Calumet

Giroux (André)
Au delà des visages

Grandbois (Alain)
Les voyages de Marco Polo

Grandbois (Madeleine)
Maria de l'hospice

Leclerc (Félix)
Dialogues d'hommes et de bêtes

Roquebrune (Robert de)
Testament de mon enfance